J.-C. ARISTIDE GAVILLOT

LA JURIDICTION

ET LES

TRIBUNAUX MIXTES

Renouvellement de la Période quinquennale

LOUHANS

IMPRIMERIE HENRI PÉLARDY

1893

J.-C. ARISTIDE GAVILLOT

LA JURIDICTION

ET LES

TRIBUNAUX MIXTES

Renouvellement de la Période quinquennale

LOUHANS

IMPRIMERIE HENRI PÉLARDY

1893

LA JURIDICTION & LES TRIBUNAUX MIXTES

Renouvellement de la Période quinquennale

La Note explicative de la Circulaire du 24 Avril 1893

I

Après avoir fait annoncer, puis démentir, la communication, aux Agents diplomatiques des Puissances représentées en Egypte, d'une note explicative de la circulaire, si mal accueillie, du 24 avril 1893, le Gouvernement Anglo-Egyptien actuel s'est décidé à tenter de réagir contre la mauvaise impression produite en Europe par le langage comminatoire de Tigrane-Pacha et dont, on se le rappelle, le juge anglais Scott avait accepté la responsabilité.

L'attitude si digne et si ferme prise par le Parlement Français et dont les honorables députés MM. Deloncle, E. Le Roy, Martineau et Saint-Germain, se sont fait les interprètes en en donnant la formule par leur projet de Résolution du 3 juin 1893, n'a pas dû être étrangère au revirement que la *Note explicative* affirme ; la précaution prise de tenter de documenter ces explications, suffirait, à elle seule, à démontrer que les sous-ordres de M. Scott ont senti la valeur de l'argumentation et des extraits de documents de l'Exposé des motifs du projet de Résolution précité, en même temps qu'ils ont compris le peu de chance que cette résolution laisserait à l'adoption en France des projets Anglo-Egyptiens.

Ils ont donc, sous forme d'*explications*, cherché à élaborer une *réfutation*, tout en laissant prudemment dans l'oubli la clause comminatoire dont il a été si généralement fait justice.

La *Note explicative* atteindra-t-elle le but poursuivi par ses auteurs? A-t-elle justifié quoi que ce soit des prétentions émises dans la circulaire du 24 avril 1893 ? A-t-elle infirmé, sur un point quelconque, les faits établis et les raisons données dans l'*Exposé des motifs* du projet de Résolution du 3 juin et dans son annexe ?

C'est ce que nous nous proposons d'examiner dans les observations qui vont suivre.

II

LA NOTE EXPLICATIVE

Nous trouvons le texte de cette note dans le journal *Le Phare d'Alexandrie* (n^os des 26 et 27 juin 1893). Nous le reproduisons, ci-après, tel que le donne le journal Alexandrin, sans savoir si le texte original est précédé d'un préambule et suivi d'une conclusion, ni de qui la note est signée.

Voici le texte de cette note :

Tribunal des conflits

L'existence en Egypte de deux juridictions, mixte et indigène, fonctionnant parallèlement et indépendamment l'une de l'autre, donne souvent lieu à des conflits de compétence. Aussi la commission technique de 1890 a reconnu la nécessité d'un Tribunal chargé de les régler; elle en a voté en principe la création (voir protocole n° 4, page 11); mais quand il s'est agi de déterminer la composition de ce Tribunal, elle a successivement repoussé tous les projets proposés, de sorte que la question de composition n'a pas reçu de solution.

Cette solution, le Gouvernement de Son Altesse croit l'avoir trouvée dans le projet indiqué dans la circulaire du 24 avril dernier.

La composition proposée est de nature à donner toutes garanties aux intérêts en jeu. En accordant à l'élément étranger la majorité dans ce Tribunal, le Gouvernement donne la preuve qu'il n'obéit qu'à une seule préoccupation, celle d'assurer une application exacte et uniforme de la loi et de régler les conflits qui s'élèvent nécessairement par suite de la co-existence des deux juridictions,

Il est déjà arrivé, par exemple, que dans les litiges entre l'Administration des Chemins de fer ou la Daïra Sanieh et des indigènes, les deux juridictions se sont également déclarées compétentes.

D'autre part, le conflit peut donner lieu, dans les deux cas, à un véritable déni de justice : c'est ainsi qu'il y a quelques années, la Compagnie anonyme des eaux du Caire, dans une contestation avec le Gouvernement, n'a trouvé aucun Tribunal pour la faire vider, parce que, tant les Tribunaux mixtes que les Tribunaux indigènes, s'étaient déclarés incompétents.

Réduction du nombre des Juges et des Conseillers composant les Chambres appelées à juger

La réduction du nombre des juges et des conseillers pour rendre les jugements ou les arrêts, n'est pas une idée nouvelle. Dès 1869, Nubar pacha proposait trois juges, dont deux européens et un indigène, pour la première instance, et cinq conseillers, dont trois européens et deux indigènes, pour la Cour d'appel.

En présence des objections de certaines Puissances, ce nombre fut fixé à cinq en première instance et à huit à la Cour.

En 1881, le Gouvernement, reprenant son ancien projet, demandait à nouveau la réduction du nombre des magistrats à 3 en première instance et à 5 à la Cour. La commission ne crut pas encore le moment venu d'introduire un changement de cette nature ; mais la commission de 1884, saisie encore une fois de la question, n'hésita point à accepter le nombre de 3 juges pour la première instance, fixant cependant à 6 le nombre des conseillers pour la Cour.

La proposition actuelle du Gouvernement, que justifient d'une façon générale l'expérience acquise par les magistrats et l'existence d'une jurisprudence de dix-huit années, qui a déjà fixé un grand nombre de principes, ne fait que reproduire le vœu de la commission de 1884. Elle en diffère uniquement en ce qu'elle réduit de 6 à 5 le nombre voulu par la Cour d'appel, modification qui aurait l'avantage appréciable de l'imparité du nombre des magistrats prenant part aux sentences.

Suppression du Tribunal de Mansourah et création de délégations judiciaires nouvelles, dont le siège serait fixé par le Gouvernement d'accord avec la Cour d'Appel Mixte

C'est sur le vœu quasi unanime de la Commission Internationale de 1881 que le Tribunal de Mansourah fut supprimé à cette époque. Cette Commission se basait notamment sur une statistique établissant que le nombre total des procès civils et commerciaux s'élevait pour la dernière année judiciaire, à 558 d'un taux inférieur à 10,000 P. T. (voir protocole n° 3, page 11).

Or la statistique de l'année judiciaire 1891-1892 indique que le nombre des affaires portées devant le Tribunal de Mansourah a été de 301, savoir : 214 civiles et 87 commerciales.

Il est à présumer que le nombre des affaires ne dépassant pas le taux de 10,000 P. T. s'est maintenu dans la même proportion de trois cinquièmes à peu près comme 1881, de sorte que le nombre des autres affaires d'un taux supérieur serait actuellement réduit à 121.

En résumé et dans cet état, l'extension projetée de la compétence de la justice sommaire venant à être adopté, le Tribunal de Mansourah n'aurait à juger que 121 affaires, les autres allant aux délégations judiciaires chargées de la justice sommaire.

Ce chiffre justifie suffisamment la proposition du Gouvernement de Son Altesse tendant à la suppression du dit tribunal ; et il est à remarquer que les 250 affaires de la compétence du juge sommaire seront réparties entre les délégations à créer, au bénéfice des justiciables, comme il est dit dans la Circulaire du 24 avril 1893.

Fixation d'une limite d'âge pour les Magistrats

Le Gouvernement de Son Altesse s'est inspiré de ce qui se passe dans la plupart des pays d'Europe. — Cette nécessité se trouve, de plus, justifiée pour l'Egypte, par son climat même.

Article 9, Titre I du Règlement d'organisation Judiciaire

Pour apprécier sainement la portée de l'article 9 du Règlement d'organisation Judiciaire, il suffit de faire un court résumé de l'historique des négociations qui ont amené l'installation des Tribunaux mixtes.

Les premières propositions présentées pas S. E. Nubar pacha à la Commission Internationale réunie au Caire en 1869, avaient exclusivement pour but la création d'une juridiction unique chargée de rendre la justice entre indigènes et étrangers et entre étrangers de nationalité différente.

C'est sur ce programme restreint que la discussion s'est ouverte.

La Commission, dans son rapport général signé par tous les membres, n'hésite pas à déclarer qu'elle est d'avis d'adopter les vues du Gouvernement Egyptien sur ce point, c'est-à-dire de soumettre à un Tribunal unique aussi bien les contestations élevées entre étrangers et indigènes que les contestations nées entre étrangers de nationalité différente.

Quand il s'est agi de la compétence immobilière de ces Tribunaux, le Gouvernement Egyptien l'a revendiquée exclusivement pour les Tribunaux territoriaux, tandis que certains commissaires entendaient maintenir la compétence des Tribunaux Consulaires dans les affaires immobilières où leurs nationaux étaient défendeurs.

Dans ces conditions, Nubar pacha déclarait qu'il ne pouvait attribuer à la nouvelle juridiction la compétence en matière immobilière, même dans les contestations entre indigènes et étrangers, qu'à condition que les Tribunaux Consulaires seraient dessaisis au profit de la nouvelle juridiction des affaires immobilières entre étrangers de nationalité différente.

C'était donc seulement à titre transactionnel que Nubar pacha consentait à cette compétence.

Au cours des travaux de la Commission, il fut également admis que les indigènes auraient la faculté de porter leurs litiges en matière civile, devant les nouveaux Tribunaux.

Conformément à la demande de quelques puissances, le projet élaboré par cette Commission, devant recevoir la sanction de S. M. I. le Sultan, fut soumis à la Sublime-Porte. Mais la Sublime-Porte écarta complètement, même à titre compromissoire, la compétence des nouveaux Tribunaux pour les indigènes.

Le projet de Règlement tel qu'il fut définitivement arrêté par la Sublime-Porte et présenté par Elle aux puissances, portait à son article 24 :

« Les Cours et les Tribunaux ainsi constitués ne connaîtront point des différends des indigènes entre eux, ou avec le Gouvernement, de quelque nature qu'ils soient. »

Depuis, il ne pouvait plus être question d'attribuer à ces Tribunaux une compétence quelconque sur les indigènes, car les négociations que poursuivait l'Egypte, dans une question de cette nature, se trouvaient forcément réduites aux limites tracées par le Gouvernement Impérial.

D'ailleurs le Gouvernement français avait fait, lui, aussi préparer un projet dont l'article 7 correspond au projet de la Sublime-Porte.

Il est ainsi conçu :

« Ils (ces Tribunaux) connaîtront aussi de toutes les questions immobilières et de servitude, soit qu'elles aient lieu entre indigènes et étrangers ou deux ou plusieurs étrangers de nationalité différente ou bien de même nationalité. »

Le Gouvernement anglais approuvait les vues du Gouvernement français et lord Granville écrivait le 22 juillet 1870 à M. de la Valette :

« Le Gouvernement de Sa Majesté est d'accord avec le Gouvernement impérial que les différends entre *étrangers et indigènes* relativement à des *propriétés mobilières*, seront décidés d'après un système de Juridiction et de lois uniformes. »

« Que les questions afférentes aux *propriétés immobilières* entre *étrangers et indigènes et étrangers de différente nationalité* et même entre *étrangers de la même nationalité*, seront décidées par les nouveaux tribunaux qu'on propose d'établir. »

Il n'est donc aucunement question de la compétence des nouveaux tribunaux à l'égard des indigènes entre eux.

D'un autre côté, dans la réunion des ambassadeurs au palais de l'ambassade de Russie à Constantinople, ainsi que le porte le compte-rendu de la réunion du 7 août 1872, S. E. Nubar pacha priait « les représentants des Puissances de prendre en considération que l'autorisation de la Porte a été accordée expressément au projet amendé par Elle et élaboré par la Commission Internationale, ce qui ne permet pas au Gouvernement égyptien de s'écarter de ce dernier ».

Ainsi qu'on le voit, la *Note explicative* ne fait plus de la modification du texte de l'article 9 du Réglement d'O. J. le point principal, la résolution préalable, à défaut de laquelle la prorogation de la période quinquennale ne serait ni *proposée* ni *acceptée* par le Gouvernement Egyptien. On passe sous silence le malencontreux préambule de la circulaire du 24 avril dernier ; on suit l'ordre des demandes accessoires qui sont formulées dans cette circulaire, pour reléguer à la fin de la note les explications qu'on désire donner sur la seule demande qui tienne à cœur aux Anglais en Egypte. Nous ne voyons aucun inconvénient à admettre le même ordre pour nos observations, mais nous tenions à faire ressortir ce changement de tactique, cet adoucissement dans les procédés, parce qu'ils nous paraissent attester combien, depuis quelques mois, l'arrogance a fait place à un calme de bon ton, et la confiance outrecuidante s'est effacée devant un doute de bon augure pour la solution que nous préconisons.

Ce doute sera changé en découragement, lorsque les auteurs de la *Note explicative* connaîtront le Rapport si substantiel, si logique et si lumineux que l'honorable M. Gotteron a rédigé au nom de la *Commission administrative* de la Chambre des Députés. Nous pensons que ce Rapport à lui seul met à néant toutes les arguties produites *in-extremis*, dans la *Note explicative* des sous-ordres du juge Scott, mais comme dans leur factum, il existe des inexactitudes de fait et de droit qu'il importe de relever, qu'on produit des textes inapplicables ou détruits par les arrangements postérieurs, qu'on cite des extraits incomplets et habilement choisis, et qu'on voudrait s'appuyer sur des jugements et arrêts émanant d'une juridiction qu'on a déclarée suspecte, nous croyons utile de ne rien laisser des dires anglo-égyptiens, sans une réfutation spéciale, et pour cela nous entrerons dans des détails qu'une Commission Parlementaire ne saurait aborder.

III

LE TRIBUNAL DES CONFLITS

Nous n'aurions rien à ajouter aux considérations développées dans notre première note annexée à l'exposé des motifs de la proposition de M. Deloncle et de ses collègues, si dans la *Note explicative* les Anglo-Egyptiens n'avaient pas eu l'idée insolite de s'appuyer sur les idées exprimées par la *Commission technique* de 1890, alors qu'ils incriminent les résolutions de la même commission sur le point bien plus important de l'article 9, et s'ils ne citaient pas des faits, en apparence concluants, alors qu'en réalité ils prouvent le contraire de ce qu'on voudrait leur faire démontrer.

Nous l'avons dit : le but principal du Gouvernement Anglo-Egyptien, en demandant la création d'un Tribunal des conflits, a toujours été d'obtenir, indirectement, la reconnaissance de la juridiction et des Tribunaux dits indigènes, qui sont et restent ignorés des Puissances Européennes. La *Note explicative* affirme ce but en décla-

rant « l'existence en Egypte de deux juridictions, mixte et
« indigène, fonctionnant parallèlement et indépendamment
« l'une de l'autre... » car elle oublie de faire remarquer que
la juridiction mixte seule a existence légale à l'égard des
Puissances et que quant à l'autre elle remplace les *medjliss*
dont il n'a pas seulement été fait mention dans tous les
pourparlers relatifs à l'établissement de la Réforme judiciaire ; et c'est justement parce que la Commission technique de 1890 s'est aperçue des conséquences de son vote
du principe du Tribunal des conflits, qu'à propos de la
composition de ce Tribunal elle a fini par annuler sa première décision en laissant toutes choses en l'état. Il ne saurait
y avoir aucun doute sur ce point, et pour en avoir la certi-
tude il n'y a qu'à se reporter à l'observation véhémente de
M. le Délégué d'Allemagne que nous avons rapportée
dans la note annexée. Donc, les votes de la Commission
Internationale de 1890 ne sauraient être invoqués ration-
nellement à l'appui de la formation d'un Tribunal des
conflits.

Mais, dit la *Note explicative*, « en accordant à l'élément
étranger la majorité dans ce Tribunal, le Gouvernement
donne la preuve qu'il n'obéit qu'à une seule préoccupation,
celle d'assurer une application exacte de la loi et de régler
les conflits qui s'élèvent nécessairement par suite de la
co-existence des deux juridictions. »

En droit, la *co-existence* des deux juridictions n'existe
pas.

En fait, les conflits sont impossibles parce que les décisions des *Tribunaux indigènes* sont assimilés à celle des
medjliss et que ces dernières n'ont jamais lié la juridiction
mixte, ni été reconnues obligatoires par elle.

De plus la garantie prétendue qu'on voudrait induire de
la composition proposée est illusoire : *2 membres de la Cour
d'appel mixte,* soit 2 voix indépendantes, contre 2 membres
de la Cour d'appel indigène, soit deux fonctionnaires
choisis par le Gouvernement et qui seront ou indigènes, ou
anglais, et par conséquent aux ordres des Anglo-Egyptiens,
c'est-à-dire sans indépendance possible, ne serait-ce que
par l'esprit de corps qui devrait leur faire retenir la cause

en litige à la juridiction dont ils font partie ; et pour départager, un *jurisconsulte européen,* du choix du Gouvernement, et dont la nationalité *ne pourrait jamais être la même que celle d'un des magistrats de la Cour d'appel!*

Un jurisconsulte ! tout avocat licencié est jurisconsulte ; choisi hors des nationalités représentées à la Cour d'appel ! donc il ne sera ni Français, ni Anglais, ni Allemand, ni Autrichien, ni Russe, ni Américain, ni Italien, ni Hellène, mais il pourra être Belge, et M. Rollin-Jacquemyns est jurisconsulte et Belge ; on parle de le faire revenir du Siam en Egypte : serait-ce pour présider le futur Tribunal des conflits ? Dans ce cas les intérêts des Français se trouveraient en bonnes mains.

Donc, la composition proposée par le Gouvernement Egyptien ne comporterait aucune garantie.

Nous arrivons aux exemples de conflits invoqués dans la *Note explicative* :

Il y aurait eu conflit positif à propos de litiges entre indigènes et l'administration des chemins de fer, indigènes et la Daïrah Sanieh, indigènes et sujets persans, et conflit négatif entre le Gouvernement Egyptien et la Compagnie des Eaux du Caire.

Or, il a été admis en principe, lors même qu'aucun texte ne pourrait être invoqué à l'appui, ce qui n'est pas toujours le cas, que toutes les administrations égyptiennes pourvues de délégués étrangers désignés par certaines puissances et ayant fait l'objet d'arrangements diplomatiques, sont *de plein droit* soumises à la juridiction mixte, d'où suit que c'était au Gouvernement Egyptien à avertir les *medjliss* ou Tribunaux indigènes, qu'ils n'avaient pas à connaître des litiges du chemin de fer et de la Daïrah Sanieh. Quant aux sujets persans, du moment qu'ils ont des traités avec l'Egypte, qu'on reconnaît leur Consul général comme agent diplomatique, c'était encore au Gouvernement à faire en sorte que, dans un but exclusivement fiscal, les Persans ne fussent pas considérés comme sujets ottomans.

Et quant au conflit négatif avec la Compagnie des Eaux c'est le Gouvernement lui-même qui l'a déterminé, en méconnaissant le principe qui découle du précédent de la

Compagnie du Canal de Suez, qui fait considérer comme justiciable des Tribunaux mixtes toute société anonyme *égyptienne* dont les actionnaires sont en partie étrangers.

Ces exemples sont donc inopérants pour déterminer l'établissement d'un Tribunal des conflits ; les causes indiquées n'ont donné lieu à conflits que par la faute ou la volonté du Gouvernement Egyptien, et ces conflits ont tous obtenu solution, ce qui prouve que l'inexistence d'un Tribunal spécial n'a porté aucun préjudice, ni retard aux justiciables. En présence de la composition proposée, nous serions tenté de dire : *Au contraire*.

A un autre point de vue, l'établissement d'un *Tribunal des conflits* aurait encore des conséquences plus graves que toutes celles qui ont été signalées : dans la pensée du Gouvernement Egyptien il ne s'agirait pas seulement de faire régler les pouvoirs et attributions judiciaires tant des Consuls que des Tribunaux mixtes, mais bien les droits politiques des diverses puissances en Egypte, car il ne s'agirait pas de soumettre au Tribunal des conflits le règlement de conflits entre Tribunaux de même juridiction ou soumis à la même loi, mais de soumettre à ce Tribunal l'interprétation des traités et contrats passés avec les Puissances, ce qui ne peut être admissible.

Ainsi, prenant pour exemple l'article 9 du Règlement d'Organisation Judiciaire, le Gouvernement Français pourrait-il laisser à ce Tribunal des Conflits le pouvoir de vider les contestations pouvant exister entre lui et le Gouvernement Egyptien à ce sujet ? Il n'est que trop évident que cette question ne peut être traitée que par la voie diplomatique et en dernier lieu et comme pis aller, si les parties le jugent convenables, par un tribunal arbitral spécialement créé *ad hoc* par elles et dont la décision ne pourrait faire précédent apposable dans une autre cause. Tandis qu'en acceptant le Tribunal des Conflits tel que les Anglo-Egyptiens le proposent, ce serait déférer d'avance les droits des Puissances à une commission qui pourrait, à un moment donné, sinon toujours comme nous le soutenons, être entièrement à la dévotion du Gouvernement Egyptien.

La possibilité d'une conséquence si grave ne suffirait-elle

pas, à elle seule, pour faire rejeter la proposition Egyptienne d'un Tribunal des Conflits. Nous n'hésitons pas à répondre par l'affirmative.

IV

RÉDUCTION DU NOMBRE DES JUGES ET DES CONSEILLERS COMPOSANT LES CHAMBRES APPELÉES A JUGER

Ici rien de nouveau comme argumentation.

Un souvenir de plus : Nubar Pacha avait proposé dès 1869, 3 juges dont 2 européens et un indigène, pour les Tribunaux de 1re Instance, et 5 conseillers dont 3 européens et 2 indigènes pour la Cour d'appel.

On rappelle la condescendance de la Commission Internationale de 1881, et le prétendu vœu de la Commission de 1884.

Sur la Commission de 1881 nous ne dirons qu'une chose, c'est qu'en 1881 on aurait fait la concession à l'Egypte, et au moment où la France jouissait d'une prépondérance de nature à réprimer immédiatement tout abus ; sur le prétendu vœu de 1884 et la Commission de cette date, nous nous sommes suffisamment expliqués dans notre première note.

Mais, on nous dit qu' « en présence des *objections de certaines Puissances* » le nombre des juges fut fixé à 5 en 1re Instance et à 8 à la Cour, et on ne nous dit pas de quelle nature étaient ces objections, ni de quelles puissances elles émanaient : il importe de combler cette lacune.

La principale et la plus nette de ces observations fut présentée par M. Giaccone, Délégué d'Italie, ancien Consul Juge d'Italie à Alexandrie, et aujourd'hui Président effectif de la Cour d'appel mixte. Nous renvoyons aux procès-verbaux de la Commission Internationale de 1869-1870 pour en connaître les termes ; ici, nous reproduirons simplement ce que dit, à ce sujet, le *Rapport Collectif* des Délégués à la dite Commission, page 13, § IV :

« .... Seulement en ce qui concerne le nombre des Juges, elle (la Commission) a pensé qu'il y avait inconvénient à le réduire à trois devant le Tribunal de première instance.

« Si, en effet, dans une contestation, les deux Juges étrangers étaient en désaccord, *le Juge arabe déciderait seul la question*. Aussi le Gouvernement a consenti, sur la proposition de la Commission, à porter le nombre des Juges, devant le Tribunal de 1ʳᵉ Instance, à cinq juges, dont trois étrangers et deux indigènes, et le nombre de ceux de la Cour à sept Juges dont quatre étrangers. »

Ce qui était une raison suffisante en 1870 l'est encore aujourd'hui, nul ne saurait le contester.

V

SUPPRESSION DU TRIBUNAL DE MANSOURAH ET CRÉATION DE DÉLÉGATIONS JUDICIAIRES NOUVELLES, ETC...

Rien à ajouter sur ce point à ce que nous avons exposé dans notre *note annexée*, sinon que si les Tribunaux du Caire et d'Alexandrie sont trop chargés et le Tribunal de Mansourah pas assez occupé, il n'y a pas besoin de créer des délégations ni de supprimer un Tribunal, mais bien d'ajouter une partie des circonscriptions judiciaires des Tribunaux trop occupés à celle de celui qui ne l'est pas assez.

Et pour répondre à la statistique produite dans la *Note explicative* nous observerons que la Réforme judiciaire ayant produit à l'Egypte près de 70 millions de francs, du 1ᵉʳ février 1888 au 31 octobre 1891, il n'y a pas même une raison économique pour supprimer un tribunal qui est utile aux justiciables.

VI

FIXATION D'UNE LIMITE D'AGE POUR LES MAGISTRATS

A défaut de pouvoir avouer publiquement les mobiles secrets de cette demande, les rédacteurs de la *Note explicative*, s'en tiennent à la déclaration que sur ce point « Le

Gouvernement de S. A. » a voulu... *imiter* ce qui se fait en Europe.

Nous avons dit pourquoi cette *imitation* n'est pas de mise en Egypte.

Pour la motiver, la *Note explicative* invoque le *climat égyptien*. Pour la faire repousser nous invoquerons aussi cette question de *climat* qui a une si grande influence sur les individus, qu'il faut un très grand nombre d'années pour que les nouveaux venus s'aperçoivent de ce que l'intensité du soleil d'Egypte est capable de déterminer dans l'esprit des Gouvernants et des Particuliers de ce pays ; d'où une raison de plus de ne pas se priver, sous prétexte de *limite d'âge*, de l'expérience acquise par les magistrats actuels, fondateurs de la juridiction mixte et au courant des conséquences juridiques du climat Egyptien.

VII

ARTICLE 9, TITRE 1er DU RÉGLEMENT D'ORGANISATION JUDICIAIRE

C'est là le point important qu'ont voulu traiter les auteurs de la *Note explicative*. On a vu par les observations qui précèdent que les autres points ne sont relevés que pour la forme. Aussi, tout ce qui concerne ces premiers points, n'atteint-il pas dans la *Note explicative* la longueur du texte consacré aux observations de la dernière de ces demandes. Nous allons donc suivre pied à pied le raisonnement développé dans la *Note* qui nous occupe parce que, nous aussi, nous considérons l'observation rigoureuse et saine de l'article 9 comme la base de l'avenir de la juridiction mixte.

« Pour apprécier *sainement* la partie de l'article 9 du Réglement d'O. J. », dit la *Note explicative*, « il suffit de faire un court résumé de l'historique de négociations qui ont amené l'installation des Tribunaux mixtes. »

D'accord, et c'est ce que nous avons fait dans notre note annexée. Seulement nous avons fait de l'histoire et non de la légende ; nous avons rapporté des textes formels et définitifs, et non des extraits tronqués, ou des textes abandonnés et contredits. Nous avons, en tout et partout, dit la vérité et la vérité complète et sans faux-fuyants. Voyons si la *Note explicative* peut mériter les mêmes appréciations.

1er et 2e alinéas

« Les premières propositions présentées par S. E. Nubar Pacha à la Commission internationale réunie au Caire en 1869, *avaient exclusivement pour but* la création d'une juridiction unique chargée de rendre la justice entre indigènes et étrangers et entre étrangers de nationalités différentes. « C'est sur ce *programme restreint* que la discussion s'est ouverte. »

Nous ne répondrons à cette double assertion que par quatre lignes du Rapport collectif de 1870 (Page 2) :

« Les réclamations et les propositions du Gouvernement Egyptien ont porté sur deux points très distincts, à savoir:

« La Réforme de la juridiction en matière civile et commerciale, et la réforme *en matière de répression.* »

Donc il est inexact de dire que les propositions de Nubar Pacha avaient le but exclusif qu'on leur assigne. Leur but était l'assujettissement total des étrangers à une juridiction mixte, mais égyptienne, de façon à supprimer, en fait, les juridictions consulaires et les capitulations.

3e alinéa

« La Commission, dans son rapport général signé de tous les membres, n'hésite pas à déclarer qu'elle est d'avis d'adopter les vues du Gouvernement Egyptien sur ce point, c'est-à-dire de soumettre à un tribunal unique, aussi bien les contestations élevées entre étrangers et indigènes que les contestations nées entre étrangers de nationalité différente. »

Il n'y avait pas qu'un seul point en discussion, mais bien deux : justice civile et commerciale, et justice pénale.

La Commission n'a pas été d'avis d'adopter ce *seul point,* puisqu'elle a été d'avis aussi d'adopter la Réforme pénale, et même « que la Réforme de la justice civile et la Réforme de la justice pénale devaient « être introduites en même temps... » (Rapport collectif, page 27.)

D'où suit que le 3ᵐᵉ alinéa de la *Note explicative* n'est pas conforme à l'exactitude des faits, et, en outre, que la Réforme pénale n'ayant pas été admise avec l'extension proposée par Nubar Pacha et acceptée par la Commission de 1869-70, les décisions de cette Commission ne peuvent être invoquées, qu'autant qu'elles ont reçu une confirmation postérieure, comme celle qui découle d'une manière si indubitable de la rédaction définitive du texte de l'article 9 qu'on voudrait éluder aujourd'hui.

4ᵉ, 5ᵉ et 6ᵉ alinéas

« Quand il s'est agi de la compétence immobilière de ces tribunaux le Gouvernement Egyptien l'a revendiquée exclusivement pour les *Tribunaux territoriaux*, tandis que certains commissaires entendaient maintenir la compétence des Tribunaux Consulaires dans les affaires immobilières où leurs nationaux étaient défendeurs.

« Dans ces conditions, Nubar-Pacha déclarait qu'il ne pouvait attribuer à la nouvelle juridiction la compétence en matière immobilière, même dans les contestations entre indigènes et étrangers, qu'à condition que les Tribunaux Consulaires seraient dessaisis, au profit de la nouvelle juridiction des affaires immobilières entre étrangers de nationalité différente.

« C'était donc seulement à titre transactionnel que Nubar Pacha consentait à cette compétence. »

En quoi cet exposé pourrait-il établir, contrairement au texte si formel de l'article 9 du Réglement d'O. J. et au sens non moins formel qui résulte des extraits que nous avons reproduits des Procès-verbaux de la Commission de 1869-70, que la compétence exclusive en matière immobilière n'a pas été attribuée aux Tribunaux mixtes ? Nous ne le voyons pas. Peu importe que le Gouvernement ait alors revendiqué pour ses *Tribunaux territoriaux* (?) dont le seul ayant alors existence légale était le *mehkémé*, une compétence qui était alors partagée par les Tribunaux Consulaires, les Medjliss et le Cadi, et que ce soit à titre transactionnel que le Gouvernement Egyptien ait accordé la compétence immobilière aux Tribunaux mixtes ! Peu importe que la transaction ait porté sur l'abandon par les

Puissances de leurs droits de juridiction sur les différends
entre étrangers de nationalité différente, ou de ceux qui
leur étaient reconnus en Egypte en matière réelle ou immobilière ? ces faits sont indifférents au résultat final qui a
été la rédaction de l'article 9, avec toutes ses conséquences. Les auteurs de la *Note explicative* ne les ont donc
cités que pour tenter d'établir une confusion favorable à
leurs thèse, en choisissant dans le Rapport Collectif des
Commissaires de 1869-70, le passage résumant les prétentions de Nubar Pacha pour amener l'abandon de la
juridiction consulaire sur les litiges entre étrangers de
nationalité différente (Page 10, 2ª alinéa du Rapport) au
lieu de reproduire cet autre résumé du même rapport que
nous trouvons page 5, 5ᵐᵒ et 6ᵐᵒ alinéas, et qui détruit de
fond en comble les sous-entendus qu'on a tenté d'établir.

Énumérant les conséquences fâcheuses que le Gou_
vernement Egyptien faisait découler de la multiplicité des
juridictions, les Commissaires s'exprimaient en ces termes :

« C'est ainsi que l'exercice du droit de propriété immobilière
se trouve entravé, et que la propriété elle-même ne peut ac-
quérir la valeur à laquelle elle pourrait atteindre avec un bon
système de juridiction.

« Il faut reconnaître, en effet, que le Gouvernement ne peut,
en l'état, faire fonctionner une loi sur les hypothèques, *parce
qu'une pareille loi est inefficace si elle n'est pas appliquée par un
Tribunal unique ;* que sans loi hypothécaire l'établissement
d'un Crédit Foncier est impossible ; que l'agriculture ne peut
s'aider de capitaux étrangers, et qu'elle est obligée d'emprunter,
quand elle peut le faire, à un taux onéreux, parce qu'elle n'a pas
le moyen de donner un gage hypothécaire assuré. »

Voilà ce que disait alors Nubar Pacha et ce que les
Commissaires reconnaissent comme exact ; le Gouvernement Egyptien voulait une loi hypothécaire et *un tribunal
unique* pour l'appliquer, il voulait ce tribunal unique dans
l'intérêt de la propriété et des agriculteurs, et on voudrait
faire admettre, qu'après avoir reconnu que *l'unité de juridiction en matière immobilière était de première nécessité
pour l'Egypte,* qu'au même moment Nubar Pacha aurait
fait valoir le principe contraire, à savoir le maintien d'une

seconde juridiction pour connaître de la même matière ?
C'est inadmissible, c'est invraisemblable, et ce n'est pas
exact. Il ne saurait donc y avoir aucun malentendu sur
ce point et les Rédacteurs de la *Note explicative* en seront
encore ici, comme sur bien d'autres points, pour leurs frais
d'ingéniosité.

7e, 8e, 9·, 10e et 11me alinéas

« Au cours des travaux de la Commission, il fut également
admis que les indigènes auraient la faculté de porter leurs
litiges, en matière civile, devant les nouveaux Tribunaux.
. « Conformément à la demande de quelques Puissances, le
projet élaboré par cette Commission, devant recevoir la sanction
de S. M. I. le Sultan, fut soumis à la Sublime Porte. *Mais la
Sublime Porte écarta complètement même à titre compromissoire,
la compétence des nouveaux Tribunaux pour les indigènes.*
« Le projet du Règlement tel qu'il fut définitivement arrêté par
la Sublime Porte et présenté par Elle aux Puissances, portait à
son article 24 :
« Les Cours et les Tribunaux ainsi constitués ne connaîtront
« point des différends des indigènes entre eux, ou avec le Gou-
« vernement de quelque nature qu'ils soient. »
« *Depuis, il ne pouvait plus être question d'attribuer à ces
Tribunaux une compétence quelconque sur les indigènes,* car les
négociations que poursuivait l'Egypte, dans une question de
cette nature, *se trouvaient forcément réduites aux limites tracées
par le Gouvernement Impérial.* »

. On connaît trop le cas que le Gouvernement Egyptien a
toujours fait des avis de la Sublime Porte, lorsque ces avis
n'étaient pas à invoquer contre les Etrangers, pour qu'il
soit utile d'insister sur l'étrangeté de l'argument qu'on
voudrait tirer aujourd'hui d'un avis méconnu depuis plus
de vingt ans.
·· En fait, il est incontestable que non-seulement le texte
de l'article 24 du projet turc n'a pas été adopté ni par les
Puissances ni par l'Egypte, mais que l'Egypte et les Puissances ont passé outre à l'opposition du Sultan qui consi-
dérait l'adoption de codes *autres que les lois ottomanes* du
destour et l'obligation pendant 5 ans de ne pas modifier
ces codes, comme attentatoires à ses droits de souveraine-

té ; il est non moins incontestable que les indigènes ont été soumis en matière pénale et dans certains cas prévus, à la juridiction des Tribunaux mixtes, ce qui constitue encore une bien plus grande infraction aux lois fondamentales de l'Empire Ottoman. Il est certain, enfin, qu'aux termes de la lettre Vizirielle du 18 juillet 1872, et qui constitue la seule autorisation turque que l'Egypte puisse invoquer pour avoir conclu les traités de la Réforme judiciaire, l'Egypte devait se conformer à de minutieuses prescriptions dont elle ne s'est nullement préoccupée. Et on ose, aujourd'hui, pour tenter de dénaturer une stipulation formelle, invoquer des avis ottomans qu'on n'a jamais observés, c'est véritablement faire preuve d'une bien grande disette de moyens sérieux pour tenter d'atteindre un but impossible.

12e, 13e, 14e, 15e, 16e et 17e alinéas

« D'ailleurs, le Gouvernement français avait fait, lui aussi, préparer un projet dont l'article 7 correspond au projet de la Sublime-Porte.

« Il est ainsi conçu : « Ils (les Tribunaux) connaîtront aussi de « toutes les questions immobilières et de servitude, soit qu'elles « aient lieu entre indigènes et étrangers, ou deux ou plusieurs « étrangers de nationalité différente ou bien de même nationa- « lité ».

« Le Gouvernement anglais approuvait les vues du Gouvernement français et lord Granwille écrivait le 22 juillet 1870 à M. de La Valette :

« Le Gouvernement de Sa Majesté est d'accord avec le Gou- « vernement Impérial que les différends entre *étrangers et indi-* « *gènes*, relativement à des *propriétés mobilières* seront décidés « d'après un système de juridiction et de lois uniformes.

« Que les questions afférentes aux *propriétés immobilières* « entre *étrangers et indigènes et étrangers de différente nationa-* « *lité*, et même entre *étrangers de la même nationalité*, seront « décidées par les tribunaux qu'on propose d'établir ».

« Il n'est donc aucunement question de la compétence des nouveaux Tribunaux à l'égard des indigènes entre eux. »

Nous dirons, nous, plus exactement, *il n'était* pas alors question de la question de compétence des nouveaux Tribunaux à l'égard des indigènes entre eux, et si le Règle-

ment d'organisation judiciaire, en définissant la compétence immobilière des nouveaux Tribunaux, avait adopté le
texte de M. Emile Olivier, ancien avocat du Khédive, ou
celui de lord Granville, il n'y aurait pas d'objection possible, et le Gouvernement Anglo-Egyptien actuel n'aurait
pas eu besoin de proposer et de réitérer sa proposition de
modifier l'article 9, titre 1er du Réglement d'O. J. ; c'est
justement parce que, dans cet article 9, on n'a pas adopté le
texte de l'article 7 du projet dit français, ni celui de la dé-
pêche anglaise, que nous soutenons en toute justice et à
bon droit que les négociateurs définitifs des traités de la
Réforme judiciaire se sont arrêtés à *l'unification de juridiction en matière réelle et immobilière quelles que soient la
nationalité du demandeur et du défendeur, et fussent-ils de la
même nationalité, européenne, asiatique ou ottomane.* Pour
soutenir le contraire, il faudrait avancer que les rédacteurs
des traités ne connaissaient pas le Français et nul n'osera
aller jusque-là.

18e alinéa

« D'un autre côté, dans la réunion des ambassadeurs au palais
de l'ambassade de Russie à Constantinople, ainsi que le porte le
compte-rendu de la réunion du 7 août 1872, S. E. Nubar Pacha
priait « les représentants des Puissances de prendre en considération que l'autorisation de la Porte a été accordée expressément au projet amendé par Elle et élaboré par la Commission
Internationale, ce qui ne permet pas au Gouvernement Egyptien
de s'écarter de ce dernier. »

Nous avons déjà expliqué que le projet *amendé par la
Porte* et dont les auteurs de la *note explicative* ont cité l'article 24, n'a pas été admis par les Puissances ; et quant à
l'*autorisation* dont arguait Nubar Pacha, elle était si peu
positive que « interpellé par M. de Vogué *sur le vague* des
termes de la lettre Vizirielle (du 18 juin 1872) Nubar Pacha
répondait : « Que les puissances européennes n'avaient
« pas à se préoccuper des termes d'un acte intervenu di-
« rectement entre le Sultan et le Khédive et dont elles
« n'avaient eu connaissance que par une communication
« tout officieuse. Il devait leur suffire de savoir que le
« Gouvernement égyptien était autorisé par la Sublime

« Porte à appliquer la législation nouvelle, et qu'il était
« prêt, sur ce point, à *se lier* vis-à-vis d'elles par les enga-
« gements les plus formels. » (Documents diplomatiques,
1875 page 13.)

Les Puissances durent croire Nubar Pacha sur parole,
et c'est pourquoi le Gouvernement Egyptien *se lia vis-à-
vis d'elles,* sans avoir aucun égard aux conditions de la
Sublime Porte, ce qui a pour conséquence de faire voir
qu'invoquer aujourd'hui ces conditions turques, pour
chercher à donner le change sur la portée inéluctable d'un
engagement contracté, ne fait que ressortir le peu de valeur de l'argument produit, et le peu de scrupule apporté
dans le choix des moyens pour tenter de justifier une
prétention injustifiable.

19e, 20e et 21e alinéas

: « Du reste, aucun doute ne subsistait au sujet de la compétence limitée des nouveaux Tribunaux, puisqu'en 1875 M. Rouvier, dans son Rapport à l'Assemblée Nationale de France, s'ex-
primait ainsi :

« La compétence des nouveaux Tribunaux s'étend, en matière
« civile et commerciale, aux différends entre indigènes et étran-
« gers, aux contestations entre étrangers de nationalité diffé-
« rente et enfin aux procès entre étrangers et le Gouvernement
« ou les Administrations. *Les procès dans lesquels les indigènes
« sont seuls intéressés, restent donc dans la compétence des Tri-
« bunaux actuels.* »

« C'est bien ainsi, en effet, que leur compétence a été établie. »

Le passage souligné de la citation qui précède l'a été
par les auteurs de la *note explicative* ; pour eux la déclaration de M. Rouvier est la loi et les prophètes ; nous avons
de bonnes raisons de ne pas y contredire ; ce qu'a dit M.
Rouvier est l'exactitude même ; la compétence des nouveaux Tribunaux a bien été établie, ainsi que l'a définie le
rapport dans le passage cité ; aucun doute ne subsistait
sur ce point. Cependant on nous accordera que la défini-
tion reproduite comporte tout au moins une lacune : M.
Rouvier n'a pas parlé, dans le passage reproduit de son
rapport, du cas ou deux étrangers de *même nationalité* sont

justiciables des nouveaux Tribunaux pour un différend
élevé entre eux, et entre eux seuls, et pourtant cette compétence *a été établie*, les anglo-égyptiens ne sauraient le
nier, et le texte de l'article 9 en fait foi ; donc le passage
invoqué du Rapport de M. Rouvier ne saurait être consi-
déré, en matière de compétence, comme contenant *toute* la
loi et les prophètes ; il comporte une omission, il ne concerne pas la compétence en matière réelle et immobilière, et comme c'est cette compétence, et cette compétence
spéciale qui fait l'objet de la discussion, le passage cité
n'affirme, ni n'infirme chose quelconque sur la question
soulevée, puisqu'il ne s'en est pas occupé.

Mais, il y a d'autres passages du Rapport de M. Rouvier
qui ont traité de la compétence en matière réelle ou immobilière ; en toute bonne foi les auteurs de la *note explicative*
auraient dû les reproduire et au besoin les commenter : ils
s'en sont bien donné garde ; nous les suppléerons sur ce
point. Auparavant, nous tenons à faire remarquer que même le passage cité par eux a été écourté des deux bouts ;
il importe de le compléter, ne serait-ce que pour lui resti-
tuer sa physionomie et sa portée véritable. Ce passage se
trouve à la page 141, 2º alinéa du Rapport ; il est ainsi conçu :

« *Nous avons vu que la compétence des nouveaux Tribu-*
« *naux, déterminée par le § 11 du règlement*, s'étend, en matière civile et commerciale, aux différends entre indigènes
et étrangers, aux contestations entre étrangers de nationalités différentes et enfin aux procès entre étrangers et le
Gouvernement ou les Administrations.

« Les procès dans lesquels les indigènes sont seuls intéressés restent donc de la compétence des Tribunaux actuels, *c'est-à-dire des Tribunaux religieux.. ..* »

Nous aurons la charité de ne pas citer l'alinéa qui précède le 1er que nous venons de reproduire, ni ce qui suit le
second, à titre de commentaire ; nous nous bornerons à
insister sur le fait que, se référant au § 11 du Règlement
d'organisation judiciaire, M. Rouvier reproduisait la première partie de l'article 9, c'est-à-dire celle relative à la
compétence civile *mobilière* et à la compétence commer-

ciale, et ne mentionnait même pas la seconde partie du même article, qui traite de la compétence en matière réelle et immobilière. Ceci explique pourquoi les auteurs de la note Anglo-Egyptienne ont arrangé le passage en supprimant la mention du § 11 du Règlement, et justifie ce que nous avons dit de l'inapplicabilité à la compétence en matière immobilière d'un passage ne visant que la compétence en matière mobilière.

Si on eut voulu trouver l'opinion de M. Rouvier sur l'étendue de la compétence des nouveaux Tribunaux en matière réelle et immobilière, il eut fallu se reporter à la page 131 de son rapport de 1875 et on y eut trouvé ce passage caractéristique :

« *La compétence des nouveaux Tribunaux s'étendra* encore à **TOUT LITIGE en matière immobilière...** »

Voilà ce que les sous-ordres de M. J. Scott n'ont pas voulu dire, et cependant, pour s'appuyer loyalement sur l'opinion de M. Rouvier il fallait ne rien taire de ce qu'il a reconnu et c'est ce que nous faisons pour démontrer, une fois de plus, que l'argumentation développée dans la *note explicative*, manque de sérieux et d'exactitude.

22e, 23e, 24e et 25e alinéas

« Aucun doute ne s'est élevé non plus dans l'esprit des éminents conseillers de la Cour d'appel, qui, depuis les débuts de l'installation des Tribunaux, ont constamment maintenu leur incompétence dans des questions immobilières où les sujets locaux étaient seuls en cause.

« Les arrêts ci-joints, les seuls rendus en l'espèce, en font foi. Tout dernièrement encore, à la date du 31 Janvier, le Tribunal du Caire s'est rendu incompétent par *un jugement remarquablement basé, sur des considérations irréfutables*, tant juridiques qu'historiques, sur lesquelles le Gouvernement ne saurait assez attirer l'attention des Puissances.

« *Jamais*, du reste, *un doute quelconque* sur la véritable portée de l'article 9 n'a été soulevé, *soit par les Tribunaux* depuis leur installation, soit par les différentes Commissions Internationales réunies au Caire.

« *C'est seulement à la Commission de 1890, qu'un des membres ayant proposé un texte nouveau pour étendre la compétence des*

Tribunaux mixtes aux actions réelles immobilières, même entre indigènes, *la majorité a déclaré que le texte actuel suffisait pour attribuer cette compétence aux dits Tribunaux.* »

On connaît les causes tout exceptionnelles qui ont déterminé la jurisprudence contraire au texte de l'article 9 qui a prévalu à la Cour d'appel à l'origine de son fonctionnement. Nous croyons faire acte de courtoisie en ne les rappelant pas ici et en renvoyant pour ces causes à notre note annexée.

Mais nous tenons à invoquer le témoignage « des éminents Conseillers à la Cour d'appel » qui siégeaient dans la Commission de 1890, pour soutenir, avec eux, que la jurisprudence dont s'agit a violé le texte de l'article 9 *sainement interprété.*

Nous voulons faire remarquer aussi, qu'avec les arrêts et le jugement *remarquablement basé,* sur lequel le Gouvernement Egyptien attire l'attention des Puissances, il eut peut-être été plus conforme à une loyale impartialité de joindre aussi les « décisions de première instance ayant tendu à s'écarter » de la jurisprudence chère aux Anglo-Egyptiens, décisions dont il est fait mention au préambule de la circulaire du 24 avril dernier. Car il ne suffit pas qu'une partie déclare un jugement basé *sur des considérations irréfutables,* pour que cette déclaration comporte chose jugée à l'égard de l'autre partie, qui, en l'espèce, se compose de tous les justiciables des Tribunaux mixtes ; du moment qu'on demande l'appréciation des Puissances, il fallait leur fournir tous les éléments d'examen, et ne pas restreindre la communication au jugement du 31 janvier dernier.

De plus, le manque de confiance du Gouvernement Egyptien en la décision « des éminents Conseillers à la Cour d'appel » auxquels le jugement *magistral* et *irréfutable* a été déféré, est trop catégoriquement affirmé aussi dans cette phrase de la circulaire du 24 avril, que « le Gouvernement ne saurait rester ainsi exposé à un changement possible, quoique peu probable de jurisprudence » pour pouvoir admettre qu'il serait conforme à la vérité, de dire que *jamais un doute quelconque* sur la véritable portée de l'article 9 n'a été soulevé par les Tribunaux depuis leur installation, puisque le Gouvernement a lui-même manifesté ce doute, et que *certaines décisions de première instance* en témoignent aussi, mais dans un sens différent.

Mais ce qui doit donner une juste idée de la confiance que doivent inspirer les affirmations produites par la *Note explicative*, c'est le rapprochement du 3º alinéa de cette note avec les faits irrécusables constatés aux procès-verbaux de la Commission de 1890.

D'après la *Note explicative* « c'est seulement à la Commission de 1890, *qu'un des membres ayant proposé un texte nouveau pour étendre la compétence des Tribunaux mixtes,* etc. » qu'on a alors trouvé « que le texte actuel suffisait. »

Or, c'est l'annexe A de la circulaire du 9 octobre 1888, lesquelles circulaire et annexe étaient bien l'œuvre du Gouvernement Egyptien, et non *d'un des membres* de la Commission de 1890, qui contient en son 2ᵐᵉ alinéa *le texte nouveau* sur lequel a délibéré la Commission de 1890 et ce texte n'était pas proposé pour *étendre*, mais bien pour *restreindre* la compétence des Tribunaux mixtes, car il est ainsi conçu :

« Les Tribunaux Egyptiens mixtes connaîtront seuls :

« 2º De toutes les actions réelles immobilières entre parties de nationalité différente et même entre étrangers de même nationalité. »

(*Commission technique de 1890,* Procès-verbal nº 1, Page 6).

Il est donc certain qu'il *n'y a pas un mot de vrai* dans tout ce qui est dit dans le 23º alinéa de la *Note explicative* : ce n'est pas dans la Commission de 1890 qu'un texte nouveau a été proposé, c'est dans l'annexe A du 9 octobre 1888 ; ce n'est pas un membre de la Commission qui a proposé ce texte, c'est le Gouvernement Egyptien ; le texte nouveau n'avait pas pour objet *d'étendre* la compétence des Tribunaux mixtes, mais bien celui de la *restreindre.* Enfin, c'est pourquoi le texte nouveau était muet sur les *indigènes,* et ne parlait que de parties de nationalités différentes ou étrangers de même nationalité, qu'en rejetant le texte nouveau du Gouvernement Egyptien, la majorité s'est expliquée sur le sens véritable de l'article 9, qui comprend sous la phrase « de même nationalité » aussi bien les *indigènes* que les *étrangers*.

26ᵉ alinéa

« *En présence de cette tendance nouvelle*, le Gouvernement Egyptien a cru de son devoir d'insister, par sa Circulaire en date du 28 juin 1890, sur l'adoption d'une rédaction préparée et adoptée *sans discussion* par la Commission de 1884 et de nature à enlever toute hésitation sur la partie réelle que les Puissances contractantes aussi bien que l'Egypte, avaient entendu donner à cet article, lors des négociations relatives à la Réforme. »

Il est démontré qu'il n'y a pas eu de tendance nouvelle de la part de la Commission de 1890, que l'innovation tentée l'a été par le Gouvernement Egyptien, et que de son aveu, la Commission a voté le maintien de l'article 9 tel qu'il est libellé. Donc tout le raisonnement tiré de cette prétendue tendance nouvelle pèche par la base.

Mais cet alinéa nous révèle l'existence d'une Circulaire égyptienne en date du 28 juin 1890, qui a été scrupuleusement tenue sous le boisseau aussi bien par les Anglo-Egyptiens qui l'ont envoyée, que par les agents diplomatiques qui l'ont reçue. Ce fait justifie de l'existence des tentatives habituelles, après chaque Commission internationale, d'obtenir secrètement et administrativement des Puissances l'approbation de certaines décisions ou de certains désirs, en laissant de côté les décisions qui n'ont pas le don de plaire. Il justifie aussi l'opportunité du projet de résolution de M. Deloncle et de ses collègues ayant pour but de faire remettre au Parlement un Rapport sur le fonctionnement de la Réforme, afin que des documents, comme cette circulaire du 28 juin 1890, ne puissent rester ignorés et des Députés et des intéressés.

Pour ce qui concerne la Commission de 1884 et ses décisions, nous ne voulons pas insister sur certains détails de fait qui expliqueraient bien des choses, et nous nous en tenons à ce que nous avons exposé dans notre *note annexée*, en ajoutant toutefois, qu'il n'existe aucune raison de fait ni de droit pour attacher plus grande importance à la décision de la Commission de 1884 en ce qui regarde la restriction de compétence en matière immobilière, qu'on peut en accorder à ce qui concerne l'extension de compétence pénale, et la réorganisation du parquet que le Gouvernement Egyptien n'a jamais voulu ni admettre, ni considérer. Toutes ces décisions se valent. Toutes sont restées lettres mortes, et il faut un certain sans-gêne pour, après avoir rejeté les unes, venir se prévaloir d'une autre.

27ᵉ alinéa

« Cette nouvelle rédaction a déjà obtenu l'adhésion des Puissances ci-après : *Allemagne*, Danemark, Espagne, Etats-Unis-d'Amérique, *Grande-Bretagne*. Il semble même que l'Italie l'ait accueillie favorablement, puisque la note contenant les objections suggérées au Gouvernement de Sa Majesté le Roi par la lecture de la Circulaire précitée, ne renferme aucune réserve sur ce point particulier. De même pour la *Belgique* dont l'adhésion est acquise *aussitôt que la question du neuvième Conseiller,* posée dans le projet de décret annexé à la circulaire de ce Département du 10 mai 1890, *aura été résolue,* et pour le Portugal, dont le Gouvernement ne présente des observations que sur le sens à donner aux mots : consuls de carrière (missi). »

Ainsi, il y a plus qu'une circulaire, il y a aussi un projet de décret.

La nouvelle rédaction (celle de 1884) reproduite en 1890 et rejetée par la Commission technique *a déjà obtenu l'adhésion* de l'*Allemagne,* de la *Grande-Bretagne,* et peut-être de l'*Italie.* Pour la France le fait est assez caractéristique pour que nous n'ayons pas à insister sur le devoir qui incomberait, à notre Gouvernement, s'il avait le moindre doute possible sur l'attitude à prendre.

Nous n'attachons aucune importance aux adhésions du *Danemark,* de l'*Espagne,* des *Etats-Unis* et du *Portugal,* parce que ces nations n'ont pas, ou presque pas de justiciables en Egypte, et n'ont à faire valoir que des intérêts généraux ou spéciaux étrangers aux questions de juridiction, ce qui leur permet d'abandonner des droits, sans dommage possible, pour leurs nationaux et avec l'espoir fondé de compensations profitables à leurs nations. Quant à la *Belgique* elle adhérera, le Gouvernement Egyptien n'en doute pas, mais lorsque la nomination du 9ᵉ Conseiller sera

résolue, car elle brigue ce siège, cela ne fait de doute pour
personne.

Tout cela était fort intéressant à connaître mais, on en
conviendra, tout cela n'est pas pour déterminer les Puissances qui ont des nationaux à protéger, leur fortune
immobilière à défendre, et qui ne veulent pas abandonner
ces intérêts sacrés, au profit d'une politique générale d'al-
liances multiples à but indéterminé, à se dessaisir de leurs
droits acquis et à sacrifier l'avenir des Tribunaux de la
Réforme judiciaire aux convoitises Anglo-Egyptiennes du
moment.

28ᵉ et dernier alinéa

« De l'exposé ci-dessus, il ressort clairement qu'on ne saurait
contester que les Parties contractantes du Traité de la Réforme
n'ont jamais entendu étendre la compétence des Tribunaux
mixtes aux affaires immobilières entre indigènes. »

Contrairement à cette conclusion optimiste des sous-
ordres du juge Scott, nous croyons pouvoir soutenir, par
tout ce que nous avons déduit et démontré, que l'exposé
de la *Note explicative*, ou n'a rien prouvé, ou a prouvé le
contraire de ce qu'elle voulait démontrer, notamment
parce que des textes inapplicables ou tronqués, des considérations reposant sur des faits de toute inexactitude ne
sauraient prévaloir contre des stipulations claires et pré-
cises comme celles qui constituent l'article de loi attaqué.

VIII

CONCLUSION

Le Gouvernement Egyptien a mis longtemps pour se
décider à rédiger sa seconde note et il ne pouvait guère
y être encouragé à la suite des protestations contre sa
première circulaire, mais nous croyons qu'il avait eu
connaissance, ou que peut-être même il aurait inspiré certain projet qui consisterait à légaliser la dualité
de juridiction en matière réelle et immobilière pour se

contenter de l'*unité* du régime hypothécaire. Nous avons déjà démontré et nous persistons à croire que ces deux questions ne peuvent être divisées, qu'il n'y a pas de transaction possible sur *l'unité de juridiction* en matière immobilière et qu'il ne saurait être fait de distinction entre l'article 9 et le régime hypothécaire. Le tout est indivisible, le tout est indispensable à l'avenir des Tribunaux mixtes et on ne doit pas oublier que de cet avenir dépend celui des Institutions internationales qui sont autant la sauvegarde de l'autonomie de l'Egypte que celle des intérêts Européens engagés dans ce pays.

J.-C.-Aristide GAVILLOT,

Ancien député de la Nation au Caire.

10 Juillet 1893.

www.ingramcontent.com/pod-product-compliance
Lightning Source LLC
Chambersburg PA
CBHW070756220326
41520CB00053B/4514